D1628831

Warum der Esel nur seinem Herzen folgt

Neue Weihnachtsgeschichten mit langen Ohren

Ausgewählt und zusammengestellt
von Kathrin Clausing

Gott mag die störrischen Esel

Tja, da zeigt sich eben wahre Größe: Den Eseln ist es nicht so wichtig, immer eigens erwähnt zu werden. Ihnen macht es nichts aus, dass sie in den biblischen Weihnachtsgeschichten nicht genannt werden.
Wo doch sowieso klar ist, dass es ohne sie damals gar nicht ging. Als Josef mit Maria von Nazareth nach Bethlehem zog, dürfte ein Esel die Hochschwangere getragen haben. Im Stall dann, dem Ort von Jesu Geburt, werden Esel zum Inventar gehört haben. Und die Flucht der Heiligen Familie nach Ägypten – um das Kind vor den Mordplänen des König Herodes in Sicherheit zu bringen – ist ohne ein solches Tier ebenfalls nicht denkbar.
Darum haben Künstler sehr früh schon begonnen, die Esel in den Gemälden weihnachtlicher Motive unterzubringen. Auch als Krippenfiguren sind Esel völlig zu Recht fest etabliert. Doch weder bei Lukas noch bei Matthäus wird die Anwesenheit eines solchen Tieres rund um Jesu Geburt vermerkt.

Esel haben es aber nicht nötig, ihre langen Ohren dauernd beschrieben zu bekommen. Denn die Bibel bringt ihnen ohnehin große Wertschätzung entgegen. Etwa dort, wo die Tiere dem Volk Israel zum Vorbild gesetzt werden. Ein Esel, so heißt es bei Jesaja, „kennt die Krippe seines Herrn“. Israel hingegen kenne und verstehe das Gute nicht, das Gott dem Volke tut. [...]
Bei solcher Wertschätzung versteht es sich fast von selbst, dass im Alten Testament die Esel dazu ausersehen werden, dereinst den Messias zu tragen. Dieser König, „ein Gerechter und ein Hel-

fer“, wie es bei Sacharja (9,9) heißt, „reitet auf einem Esel“. Ausdrücklich wird dabei betont, dass dies eine Degradierung bedeutet für die kriegstauglichen Verwandten der Esel, für die Pferde. „Wegtun“ werde Gott „die Rosse aus Jerusalem“.
Wie geweissagt, so getan: Beim Einzug Jesu in Jerusalem, zu Beginn seines Erlösungswerkes in der Passion, reitet Christus auf einem Esel in die Stadt. Mitten im Bild ist das Tier beim Triumphzug des Messias. Zum Dank für den Tragedienst, so will es der Volksglaube, schenkte der Heiland den Eseln sein Siegeszeichen, das Zeichen des Kreuzes.

Viele Esel nämlich tragen auf dem Fell den so genannten Aalstrich, der genau genommen aus zwei langen schwarzen Strichen besteht. Der eine zieht sich vom Hals bis fast zum Schwanzansatz über den ganzen Rücken, während der andere, im rechten Winkel dazu, über den Rücken vom einen Vorderbein zum andern verläuft. Wer das von oben betrachtet, sieht ein Kreuz. Die höchste Auszeichnung, die das Christentum zu vergeben hat.

Bücher und Prospekte können Sie direkt bei uns oder über Ihre Buchhandlung bestellen.

Ich bestelle:

St.	Nr.	Kurztitel	Preis
....	....	....	....
....	....	....	....
....	....	....	....
....	....	....	....

Senden Sie mir:

- ○ ein aktuelles Gesamtverzeichnis Bücher (gratis)
- ○ ein aktuelles Gesamtverzeichnis Karten (gratis)
- ○ regelmäßige Informationen (gratis)

Meine Anschrift:

Vorname / Name

Straße / Hausnummer

PLZ / Ort

Datum / Unterschrift

www.verlag-am-eschbach.de

Verlag am Eschbach • bestellung@verlag-am-eschbach.de • Tel. 07634/50545-0

Antwortkarte

Verlag am Eschbach
Hauptstraße 37
79427 Eschbach

Glück verdoppelt sich, wenn man es teilt

Doch noch einmal zurück zum Einzug in Jerusalem. Bevor der nämlich stattfindet, noch auf dem Land vor den Mauern, sagt Jesus Worte, in denen man erahnen kann, was Esel auch charakterlich für das Christentum interessant macht. „Und als sie in die Nähe von Jerusalem kamen, sandte er zwei seiner Jünger und sprach zu ihnen: Geht hin in das Dorf, das vor euch liegt. Und sobald ihr hineinkommt, werdet ihr ein Füllen angebunden finden, auf dem noch nie ein Mensch gesessen hat; bindet es los und führt es her" (Markus 11, 1-2). Dies lässt sich so verstehen, als schätze Jesus an den Eseln ihr schlichtes Da-Sein. Jesu Jünger können sich darauf verlassen, einen Esel einfach anzutreffen.

Offenbar kommt es bei den Eseln nicht auf bestimmte Werke an, mit denen sie sich auszeichnen – sie sind störrisch –, sondern auf Präsenz. Esel sind in freier Natur keine Fluchttiere, sondern trotzen Gefahren durchs Stehenbleiben. Anwesenheit als Lebensstrategie. [...] Offenbar hat Gott nichts dagegen, sondern schätzt es, wenn man dabei zur Melancholie neigt, wenn man zögert, wenn man zaudert, statt felsenfest überzeugt loszugaloppieren. Wenn man gerade aus diesem Abwarten die Kraft zieht, da zu sein, sobald man gebraucht wird. Präsent zu sein, um zu tragen. Die schwangere Mutter des Herrn. Den Heiland als Säugling auf dem Weg nach Ägypten. Den Erlöser in den Tagen vor seinem Kreuzestod. Präsent zu sein aber auch, um Jesus einfach anzuschauen, wie er da in der Krippe liegt. Und wie schon gesagt: ohne es dabei nötig zu haben, immerzu erwähnt und belobigt zu werden.

Matthias Kamann

… dass ich ein Esel bin

kann sein
dass ich ein Esel bin
recht grau
und sehr gewöhnlich
wenn man
„alter Esel“ sagt
nehm ich das nicht persönlich

kann sein
dass ich ein Esel bin
mit einem Aalstrich auf dem Rücken
nicht edel wie ein Zirkuspferd
errege kein Entzücken

und wenn ich Stress hab‘
bleibe ich
wie angewurzelt stehen
dann gelte ich als stur und störrisch
kann keinen Schritt mehr gehen

mein Fell ist meistens hart und struppig
nicht weich wie bei einem Schaf
bin widerspenstig, manchmal ruppig
doch meistens bin ich brav

kann sein
dass ich ein Esel bin
auch ihr dürft das bemerken
mein Dasein, es hat einen Sinn
ich habe viele Stärken

als Haustier bin ich sehr begehrt
als Reit- und Packtier klasse
wenn man mich nicht viel schätzt, verehrt
liegt das an meiner Rasse

oft trag ich eine schwere Last
werd auch schon mal geschlagen
mit Zähigkeit und nicht mit Hast
zieh ich die schweren Wagen

kann sein
dass ich ein Esel bin
ich kann mir das erlauben
dass es mich gibt
ist ein Gewinn
das dürft ihr mir gern glauben

Sabine Heuser

Die Botschaft

Störrisch werden wir genannt, eigensinnig und trotzig. Die Menschen mögen das nicht. Sie wollen, dass man gehorcht. Dass man sich anpasst, sich zähmen lässt, und immer tut, was sie sagen. Aber meinen Trotz werde ich mir nicht nehmen lassen. Er ist heilig. Er ist eine Botschaft. Eine uralte. Ich habe sie von meiner Mutter und die hat sie von ihrer Mutter und die wieder von ihrer und immer so weiter. Diese Botschaft müssen wir weitertragen von Geschlecht zu Geschlecht. Weil sie wichtig ist. Und so

hat meine Mutter es mir erzählt: Mein Urahn, der in jener besonderen Nacht im Stalle stand, als dieses Kind geboren wurde, vor dem kurz darauf Könige auf die Knie fielen, war immer brav und folgsam gewesen wie alle Esel vor ihm. Als aber Maria das Kind in die Krippe legte, da wandte das Kind seinen Kopf und sah meinen Urahn an. Und die Augen des Kindes waren groß und gut. Sie sprachen eine deutliche Sprache, eine, die jeder versteht, eine klare Sprache, wie sie immer gesprochen wird, wenn Augen dich ansehen. Sogar mein Urahn verstand sofort, was diese Augen ihm sagten: Lege deinen Gehorsam ab. Widerstehe der Bequemlichkeit. Fortan sollst du nur noch deinem Herzen gehorchen und nicht der Macht. Höre, der König dieses Landes will mich töten. Bitte hilf mir. Trage meine Mutter und mich fort von hier. Gehe morgen in aller Frühe mit Joseph hinaus, hilf uns zu fliehen.

Und mein Urahn versprach es. Am nächsten Tag ging er mit den Eltern und dem kleinen Kind fort. Er rettete sie. Diese Geschichte erzählte mir meine Mutter und die hat sie von ihrer Mutter und die wieder von ihrer und immer so weiter. Und darum sind wir Esel so störrisch. Wir beugen uns seit diesem Tag keiner Macht mehr. Nur der Liebe beugen wir uns. Das ist unsere Botschaft. Die wir weitersagen wollen. Damit sie alle verstehen.

Doris Bewernitz

St. Nikolaus und sein Esel

Zu der Zeit, als der gute St. Nikolaus noch alljährlich in den Tagen vor Weihnachten mit seinem Eselchen durch die Dörfer und Städte zog, war er einmal in einer dunklen Dezembernacht zu einem der verlassensten Dörfer im Teufelsmoor unterwegs. Wie er dabei über den Berg nach Worpswede und auf die gepflasterte Dorfstraße kommt, merkt er, wie das Tier, das ihn schon auf so mancher Fahrt begleitete, auf einem Fuß lahmt, und wie er nachschaut, was es damit für eine Bewandtnis hat, sieht er, dass sich eins der silbernen Hufeisen gelockert hat, die es trägt.

Wie er nun vor die Schmiede zieht, um den Schaden wieder gutmachen zu lassen, liegt der Schmied zu der späten Stunde schon längst im Schlaf, will auch wegen einer solchen Kleinigkeit, und einem unbekannten Kunden zuliebe, nicht wieder aus dem Bett, so dass der Alte unverrichteter Dinge weiter muss.
Besorgt um das Tier, das unter seinen Säcken lahm und müde hinter ihm her trottet, achtet der Alte wenig auf den Weg, und kaum, dass er eine Viertelstunde weit ins Moor hinausgewandert ist, verirrt er sich dort in der rabenschwarzen Nacht so sehr, dass er zuletzt weder vorwärts noch rückwärts weiß.
Nun hat er wohl ein Laternchen bei sich gehabt, aber so hoch er es auch hebt, findet er sich doch in dem engen Lichtkreis nicht zurecht und kann hinterher noch von Glück sagen, dass er nicht unversehens in einen Moorgraben geraten ist, der so breit und finster vor ihm liegt, dass ihm nichts anderes übrigbleibt, als daran entlangzuwandern und zu sehen, wohin er kommt.

Das wäre nun alles weiter nicht so schlimm gewesen, wenn nicht der Esel bei jedem Schritt in den weichen Moorgrund gesunken wäre und zuletzt fast nicht mehr weiter kann. Aber so einem Freudenbringer wie dem Alten muss auch das Abwegigste noch irgendwie zum Guten geraten, und er wundert sich darum gar nicht, als er bald darauf ein leeres Torfschiff auf dem Wasser liegen sieht. Zufrieden steigt er darin ein, zieht das erschöpfte Tier nach sich und beginnt in der Freude, seinem Weggenossen eine Ruhepause gewähren zu können, den Graben hinunterzufahren. Nach einer traumstillen Fahrt, zuletzt über überschwemmtes Land hinweg, kommt er so an einen Moordamm und in ein Dorf, das so weltvergessen unter dem Schein der Sterne liegt, dass er meint, er habe es noch nie gesehen. In den Häusern freilich ist nirgends mehr Licht und als er doch versucht, an den Türen Hilfe für sein Tier zu erbitten, meint man in den dumpfen Schlafbutzen, dass sich jemand einen Scherz machen will, dreht sich auf die Seite und schläft weiter. Ist jemand vielleicht schon mit einem Esel durchs Moor gezogen, und dazu bei dunkler Nacht?
Beim zweiten und dritten Haus geht es dem Alten um nichts besser; aber im letzten, der kleinsten Häuslerwohnung, ist noch Licht, und als er dort an die Tür klopft, steckt eine junge Frau den Kopf heraus. Die hat am Abend eine frischmilchende Kuh bekommen und muss nun während der Nacht noch wieder melken, wenn alles seine Richtigkeit kriegen soll.
Als ihr der Alte nun seine Not mit dem Esel klagt, meint sie, dass es ein reisender Händler ist, der da draußen steht, lässt ihn darum nach dem ersten Erschrecken über den späten Besuch auf die Diele, sucht auch einen Hammer und ein paar Hufnägel herbei,

damit der Alte am Herd den Schaden notdürftig bessern kann und hält ihm bei der ungewohnten Arbeit die Laterne.
Froh über die Hilfe, klopft der Alte denn auch den Beschlag wieder fest, kühlt dem Esel das geschwollene Gelenk, will aber nicht wieder gehen, ohne sich in seiner Weise dankbar gezeigt zu haben, und fragt sie, womit er ihr eine Freude machen könne, er habe so vielerlei in seinen Säcken, dass sie nur zu wünschen brauche.
Die junge Frau meint, dass es nur ein Scherz ist, was der Alte da redet, biete ihm eine Tasse warme Milch an und fragt, er komme wohl von weit her, ganz von Bremen vielleicht?
Nein, ein Stück weiter noch, antwortet er und lächelt in seinen Bart. Dann vielleicht von Hamburg?
Nun, er kann ihr das nicht so genau sagen. Es ist ja nicht weiter wichtig, sie soll nur anfangen, sich etwas zu wünschen.
Ach, meint sie, nun will er mir etwas verkaufen, aber ich habe kein Geld und mag es ihm nicht einmal sagen. Dabei denkt sie an die Tasse auf dem Wandbord und die paar Groschen, die sie darin verwahrt.
Der Alte, der ihre Gedanken errät, sagt ihr, dass sie sich keine Sorge machen soll, denn alles, was er bei sich führe, habe er nur mitgenommen, um es zu verschenken.
Aber das glaubt sie nun erst recht nicht, nein, will ihn aber auch nicht kränken und steht nur und lächelt.
Da bleibt ihm denn nichts anderes, als einen seiner Säcke vor ihr aufzutun und sie hineinschauen zu lassen.
Aber so weihnachtlich ihr über den Anblick auch wird und so viel Glanz sich vor ihr auftut, dass ihr fast der Atem darüber vergeht –

es ist alles doch nicht das, was sie sich im Stillen wünscht. Denn wenn sie es verlauten lassen darf, wären ihr ein Kleidchen für ihr Kind und ein paar Schuhe, wenn es im kommenden Jahr nun laufen lernen wird, noch lieber als die schimmernde Herrlichkeit da vor ihren Augen.

Aber so große Dinge kann sie nicht erwarten, nein, und sie hat es nur so hingesagt, und er solle nur um Gottes Willen nicht denken, dass sie so unbescheiden sei.

Aber der Alte lächelt nur und knüpft dafür nun den anderen Sack auf – ein richtiger Segeltuchsack ist es gewesen, der jedes Wetter hat vertragen können- und nimmt heraus, was sie sich wünscht: ein Kleidchen, rot gewürfelt und mit einer silbernen Litze am Halsausschnitt, und ein Paar Erstlingsschuhe aus blankem Leder und mit goldenen Knöpfen, und er legt ihr die Sachen hin, als müsste das so sein.

Ach, das träume ich ja bloß, sagt sie und weiß nicht, ob sie lachen oder weinen soll. Gibt es auch jemand, der bei dunkler Nacht stundenlang durchs Moor läuft, nur um den Leuten unter ihren Strohdächern etwas zu Weihnachten zu schenken? Und nun gar so schöne Dinge? Aber ansehen muss sie die Sachen immer wieder und wieder und kann sich von dem Anblick so wenig trennen, dass sie sich erst abwendet, als der Kleine in der Wiege neben dem Herd zu weinen beginnt und sie ihn herausnehmen muss. Dann setzt sie sich auf den Binsenstuhl am Herd, und der Alte, der ihr zusieht, weiß nicht, ist es ein Glanz von innen her oder ist es nur der Widerschein des Herdfeuers, der aus ihrem Gesicht erstrahlt? Aber wie er so steht, kommt es wie eine Erinnerung über ihn, ein Erinnern an eine der Kammern seiner ewigen

Heimat, in denen die Ereignisse der Welt aufbewahrt werden, so, wie die Himmlischen sie sehen – und er kann nicht anders, er muss seinen Mantel, blau wie der nächtige Himmel über der Hütte, der jungen Frau über die Schultern legen und vor ihr das Knie beugen, die hier in Armut und Einsamkeit ihr Kind nährt. Dann tappt er leise, den Esel hinter sich, ins Freie hinaus, und die junge Mutter, eingesponnen in lauter Traum, hört kaum, dass die Tür geht.

Draußen aber ist nun der Mond aufgegangen und legt einen breiten Streifen von Licht über das überschwemmte Moor, als ginge eine Straße geradewegs von der nachtdunklen Erde zu den Sternenwiesen des Himmels hinauf, auf der der Alte nun wieder auf gewohntem Weg aufwärts zu steigen beginnt, seinen Esel, der immer noch ein wenig hinkt, am Zaum hinter sich führend.

Wilhelm Scharrelmann

Wie Ochs und Esel an die Krippe kamen

Als Josef mit Maria auf dem Weg nach Bethlehem war, rief ein Engel die Tiere heimlich zusammen, um einige auszuwählen, der Heiligen Familie im Stall zu helfen. Als erster meldete sich natürlich der Löwe: „Nur ein Löwe ist würdig, dem Herrn der Welt zu dienen“, brüllte er, „ich werde jeden zerreißen, der dem Kind zu nahe kommt!“ „Du bist mir zu grimmig“, sagte der Engel.

Darauf schlich sich der Fuchs näher. Mit unschuldiger Miene meinte er. „Ich werde sie gut versorgen. Für das Gotteskind besorge ich den süßesten Honig und für die Wöchnerin stehle ich jeden Morgen ein Huhn!“

„Du bist mir zu verschlagen“, sagte der Engel.

Da stelzte der Pfau heran. Rauschend entfaltete er sein Rad und glänzte in seinem Gefieder. „Ich will den armseligen Schafstall köstlicher schmücken als Salomon seinen Tempel!“ „Du bist mir zu eitel“, sagte der Engel.

Es kamen noch viele und priesen ihre Künste an. Vergeblich. Zuletzt blickte der strenge Engel noch einmal suchend um sich und sah Ochs und Esel draußen auf dem Feld dem Bauern dienen. Der Engel rief auch sie heran: „Was habt ihr anzubieten?“ „Nichts“, sagte der Esel und klappte traurig die Ohren herunter, „wir haben nichts gelernt außer Demut und Geduld. Denn alles andere hat uns immer noch mehr Prügel eingetragen!“ Und der Ochse warf schüchtern ein: „Aber vielleicht könnten wir dann und wann mit unseren Schwänzen die Fliegen verscheuchen!“ Da sagte der Engel: „Ihr seid die Richtigen!“

Karl-Heinrich Waggerl

Die Weihnachtsfabel der Tiere

Die Tiere disputierten einmal über Weihnachten ... Sie stritten, was wohl die Hauptsache an Weihnachten sei.
„Na klar, Gänsebraten“, sagte der Fuchs. „Was wäre Weihnachten ohne Gänsebraten?“
„Schnee“, sagte der Eisbär. „Viel Schnee.“ Und er schwärmte verzückt von der weißen Weihnacht.
Das Reh sagte: „Ich brauche aber einen Tannenbaum, sonst kann ich nicht Weihnachten feiern.“
„Aber nicht so viele Kerzen“, heulte die Eule. „Schön schummrig und gemütlich muss es sein. Stimmung ist die Hauptsache.“
„Aber mein neues Kleid muss man sehen“, sagte der Pfau. „Wenn ich kein neues Kleid kriege, ist für mich kein Weihnachten.“
„Und Schmuck!“, krächzte die Elster. „Jede Weihnachten bekomme ich was: einen Ring, ein Armband. Oder eine Brosche, oder eine Kette. Das ist für mich das Allerschönste an Weihnachten.“
„Na, aber bitte den Stollen nicht vergessen“, brummte der Bär, „das ist doch die Hauptsache. Wenn es den nicht gibt und all die süßen Sachen, verzichte ich auf Weihnachten.“
„Mach’s wie ich“, sagte der Dachs, „pennen, pennen, pennen. Das ist das Wahre. Weihnachten heißt für mich: mal richtig pennen.“
„Und saufen“, ergänzte der Ochse. „Mal richtig einen saufen – und dann pennen.“ Aber da schrie er „Aua“, denn der Esel hatte ihm einen gewaltigen Tritt versetzt.

„Du Ochse du, denkst du denn nicht an das Kind?“ Da senkte der Ochse beschämt den Kopf und sagte: „Das Kind. Jaja, das Kind – das ist doch die Hauptsache. Übrigens“, fragte er dann den Esel, „wissen das eigentlich die Menschen?“

Ingeborg Hildebrandt

Schönes Wunder

Als kleine Herde zogen sie über das Land. Emilie war ihrem Besitzer abgehauen. Er hatte sie oft geschlagen mit einem dicken Stock. Neben ihr stand der alte Franz, auf einem Auge blind und deshalb auf steilen Wegen immer am Stolpern. Er wurde von seinem Herrn, keinem guten, einfach in die Wüste gejagt. Ein unnützer Fresser ... Irgendwann war die kleine Lotte noch dazu gekommen. Ein Ohr hing ihr von Geburt an ins Gesicht, auch sonst hatte sie ein paar Gebrechen und war für die Menschen wohl einfach nicht zu gebrauchen. Sie hatten sich gefunden, ohne sich jemals gesucht zu haben. Ihre Not war groß, aber nun hatten sie einander. Wenn einer fiel, war der andere da, tröstete mit einem leisen Iiiiaaah, wie das bei Eseln eben so ist. Heute aber war irgendetwas ganz anders. Ein Kribbeln und Brausen lag in der Luft. Sehr merkwürdig. Man kam kaum zum Grasen. „Siehst du das, da vorne, ein Licht. Es kommt näher, wird größer. Hilfe, ich habe Angst", flüsterte die kleine Lotte und kroch ganz nah an Emilie und Franz, ihre großen Eselsgefährten. Das Licht begann zu sprechen und sagte: „Seht her. Für alle ist heute der Weltveränderer geboren. Es wird nicht alles gut, aber sehr viel. Habt keine Angst. Der große Stern, links neben mir, der weiß, wo er ist. Er ist für euch da." Das Licht verschwand und Franz, alt und welterfahren, nahm seine Herde und die drei Esel machten sich auf den Weg. Sie fanden den Stall. Sie fanden die Krippe. Sie fanden das Kind. „So klein, so zart, so arm", wisperte Lotte und ihr wurde ganz warm ums Herz. „Das ist ja ein schönes Wunder", kam es Emilie mühsam über die vernarbten Lippen. Und die drei Esel beugten ihre Knie und sprachen ein Dankgebet. Als sie gemeinsam ein wenig später den Stall verließen, errötete am Horizont ein neuer Morgen und es wurde langsam hell. Auch in den Seelen der drei Tiere, die wohl immer noch über das Land ziehen und die Hoffnung in sich tragen, dass Mensch und Tier gut miteinander leben und sich lieben werden.

Cornelia Elke Schray

Eselsohren

der weg zur krippe
- ganz ehrlich –
ist oft beschwerlich
geh nicht zu schnell
geduld die steckt
im eselsfell

der weg zur krippe
ist einsam oft
und unverhofft
gehst du alleine
das wissen auch
die eselsbeine

auf dem weg zur krippe
soll dich der ruf betören
„keiner ist verloren!"
das kannst du hören
mit langen eselsohren

Sabine Heuser

Das hölzerne Eselchen

Ein Schimmer Licht fiel in meine Augen. Geräusche, erst verschwommen, dann klarer, an mein Ohr.
„Was machst du da, Josef?“, fragte eine süße Frauenstimme.
„Ich schnitze“, kam es knorrig zurück. „Das erste Spielzeug für unseren Sohn. Ein Eselchen!“
Ah, das war es also, das an mir stieß und zerrte – ein Schnitzmesser. Behutsam löste es ein Stück von meiner Borke und nun hörte ich noch besser – da war wohl das zweite Ohr fertig geworden.
„Morgen müssen wir packen“, meinte die Frau. „Besser wir gehen jetzt schlafen.“
„Richtig, Maria“, antwortete der Mann, der offenbar Josef hieß. „Zu dumm, dass wir ausgerechnet jetzt nach Bethlehem müssen, aber dem Ruf des Kaisers gehorcht man. Gute Nacht!“
Die Frau räumte ihre Arbeit fort, lauter weiße Tücher, an denen sie eifrig gestichelt hatte, und blies die Kerze aus.

Mir gingen viele Gedanken durch den Kopf. Vor kurzem war ich noch ein hoher Baum gewesen an der Straße. Und nun sollte ich auf einmal ein Esel werden, so ein störrisches graues Tierchen, das Lasten trug? Und dazu noch einer aus Holz, ein Spielzeug für ein Kind. Ich konnte mir schon vorstellen, wie kleine Händchen an mir rissen und zerrten – keine schöne Aussicht. Besser, ich dachte nicht daran und schlief auch ... Aber das mit dem Ruf des Kaisers und der Reise, das war interessant. Einmal hatte ich auf der Straße einen Zug hoher Herrn und Soldaten gesehen in ihren bunten Uniformen. Sie waren nicht gut zu den Menschen gewesen ...

Am nächsten Morgen war das kleine Gepäck schnell fertig „Den hölzernen Esel nehme ich mit“, brummte Josef. „Dann habe ich abends etwas zu tun, wenn du Windeln säumst!“ Kaum hatte ich begonnen, mich auf diese unerwartete Reise zu freuen, da meinte Maria: „Wickel ihn besser gut ein in Windeln, damit er nicht zerbricht!“ Josef packte mich und verstaute mich in einem Bündel Stoff. So bekam ich von der großen Reise nur Bruchstücke mit. Maria und der Beutel, in dem ich war, wurden auf einen echten Esel gehoben. Ich würde gut darauf achten, wie der sich benahm, um es ihm später gleichtun zu können.

Dann ging es los. Stundenlanges Geschaukel – ich wurde seekrank und die junge Frau bat immer wieder um eine Pause, um sich die Beine vertreten zu können. Zum Glück rutschten beim Absteigen die Windeln, die mich umhüllten etwas zur Seite und ich konnte ein wenig von der Welt sehen. Unterwegs übernachteten wir einmal am Straßenrand und im Schein des Lagerfeuers schnitzte Josef eifrig weiter an mir. So bekam ich einen Rücken und die ersten zwei Beine, auch einen eleganten Schwanz. Das muss ich Josef lassen – mit Holz umgehen, darin war er Meister!

Am zweiten Nachmittag kamen wir in einen kleinen Ort. Das war Bethlehem, von dem Josef berichtet hatte. Hier kam wohl seine Familie her. Viele Leute waren auf der Straße und eine ganze Menge meiner Eselsbrüder auch. Viel hatten sie zu schleppen, die Armen!
Josef hielt vor einer Herberge an und bat um Quartier, doch alles war besetzt. Ich will nicht lange jammern, aber der Nachmittag zog sich sehr. Maria war völlig erschöpft, und mir war schreck-

lich warm im Stoffmantel. Ein Wirt nach dem anderen schickte uns fort, bis die junge Frau fast ohnmächtig wurde und einer ein Einsehen hatte und uns zu einem alten Stall vor der Stadt schickte. Dort sollten wir schlafen. Josef breitete eine dicke Decke auf dem Stroh aus, da sollte Maria ruhen. Ich sah, dass sich ihr Gesicht immer wieder wie von Schmerzen verzog, aber der Mann merkte nichts. Er richtete etwas zu essen, dann deckte er seine Frau zu und setzte sich selber ans Feuer, um ein bisschen an mir weiterzuarbeiten.

„Ich glaube, Gottes Sohn wird hier im Stall zur Welt kommen", flüsterte Maria plötzlich unter Schmerzen. „Es ist jeden Moment soweit!"
Josef, der gerade an meinem vierten Bein arbeitet, rutschte vor Schreck das Messer aus und kürzte das Beinchen unangenehm. Dann ließ er mich ganz auf den Boden fallen und eilte zu seiner Frau.

Mir waren vor Schreck eine lange Weile lang Hören und Sehen vergangen, wie ich da so unsanft stürzte, und als ich wieder zu mir kam, war es still und ein seltsames Licht schien auf von der Krippe, aus der eben noch der Tragesel gefressen hatte.
Der Mann bückte sich nach mir. „O je, du bist ein Hinkebein geworden! Aber ich habe einen Sohn, stell dir vor, einen Sohn! Jesus ist sein Name!" Er packte mich fast übermütig und legte mich dem neugeborenen Kind in die kleine Faust.

Jesus griff mich ganz fest und sah mich an. Auf einmal fuhren mit die alten Worte Jesaias durch den Kopf, die die Pilger im Wald immer gesagt hatten: „Blinde sehen, Lahme gehen ...“ Da war ich ganz froh – es war gar nicht schlimm, dass ich ein Hinkebein geworden war, bei Jesus würde alles gut werden. Ich lächelte den Kleinen innig an und mein Herz schlug schnell vor Freude, als er zurücklächelte. Mein Mund öffnete sich wie von selbst und ich sang das schönste Eselslied, das mir nur einfallen wollte. So laut und klar und wunderbar kam es aus meinem Mund, dass die Hirten im Felde dachten, es seien Engel und alle, alle hierher kamen zur Krippe im kleinen Stall, das Kind anbeteten und beschenkten.

Ich aber war ganz nah dabei in der kleinen Hand und wusste, ich würde immer bei Jesus bleiben, egal, wohin er ging.

Maria Sassin

Noch ein Wunder

Es war ohnehin sehr eng in dem Stall. Als der Mann und die Frau hereinkamen und die Tür hinter sich schlossen, sahen der Ochs und der Esel sich an und standen langsam auf von ihrer Streu. Was sollte das bedeuten? Um diese Zeit kam nicht mal der Herbergsknecht, um ihnen Heu zu bringen. Wenig und hartes Heu. Ochs und Esel waren schon ziemlich klapprig. Man sah ihnen an, dass sie viele Jahre schwer geschuftet hatten.
Was also wollten die Leute? Der Mann hatte eine Laterne angezündet, und die Frau kauerte auf einem Bündel Heu.
„Rück ein bissel", sagte der Ochse zum Esel, „dass sie mehr Platz haben."
Ochsen und Esel sprechen eine ähnliche Sprache und verstehen einander.
Als das Kind weinte, als aus allen Fugen des Stalls ein überirdisches Licht brach, als auch den Lüften Gesang und Musik erklang, wurden Ochs und Esel sehr nervös.
Der Mann klopfte ihnen die Hälse und redete ihnen gut zu. Als Ochs und Esel die Köpfe drehten, entdecken sie in ihrer Futterkrippe das Kind. Der Mann hatte die Krippe mit Heu gepolstert, und die Frage hatte das Kind in weiße Tücher gewickelt. Beide saßen vor der Krippe und schauten das Kind an. „Meinst du, es hat es warm genug?" fragte der Ochs den Esel.
Der schüttelte den Kopf und sagte: „Wir könnten es wärmen."
„Wie denn?", fragte der Ochs.
„Anhauchen", sagte der Esel, „mit unserem Atem. Der ist ganz warm." Der Ochs nickte.
„Eine gute Idee. Geh du zu den Füßen, ich geh zum Kopf."

„Einverstanden“, sagte der Esel, „aber dann wechseln wir ab. Ich will auch mal nach oben.“
So standen sie beide und wärmten mit ihrem lebendigen Atem das kleine Kind, und der Mann und die Frau sahen sehr froh aus.
Ein paar Tage später kam der Mann, dem der Stall gehörte.
Er wollte den Ochsen und den Esel verkaufen. Der Käufer ging mit ihm. Er fragte nach dem Alter der Tiere. Genau wusste es der Besitzer nicht.
„Der Esel mag so fünfzehn Jahr‘ alt sein, der Ochs ist noch älter.“
„So alt ...?“ sagte der Käufer. Es klang enttäuscht.
Der andere machte die Tür zum Stall auf, ging hinein und stieß einen lauten Ruf der Überraschung aus.
Der Käufer ging ihm nach: „Was ist?“
„Schau doch“, sagte der anderen, „schau sie an.“
Ochs und Esel standen bei der Krippe, die jetzt leer war. Die beiden Männer und die beiden Tiere sahen sich an.
„Jung und schön“, sagte der Besitzer fassungslos, „das dichte glänzende Fell, die Augen, die festen Gelenke, die schönen Hörner – jung und schön – ich versteh‘ überhaupt nichts mehr.“
„Ein Wunder“, sagte der andere, „eins mehr aus jener Nacht. Die Leute reden allerlei ... und was ist mit dem Kaufen?“
Der andere sah noch immer auf die Tiere und schüttelte den Kopf.
„Nein, nie, niemals ... das musst du verstehen. Sie kriegen das Gnadenbrot, so lang sie leben – Wunder verkauft man nicht.“

Catarina Carsten

Was der Esel sich dachte

Er hatte sie erst nach einer Weile erkannt. Etwas war plötzlich anders gewesen, das hatte er sofort gemerkt. Das Licht. Überall war mit einem Mal so ein Licht. Nicht nur dieser dünne Schein der Funzel, die sie unterwegs begleitet hatte und kaum die nächsten Schritte auf dem Weg zu erhellen vermochte. Alles leuchtete nun. Seit das Kind mit seinem ersten Schrei zur Welt gekommen war. Und ihn damit aus seinem Dämmerschlaf gerissen hatte. Wie hell es auf einmal war, in diesem zugigen alten Stall! Noch dazu mitten in der Nacht. Anfangs hatte es ihn fast geblendet.

Seine Augen brauchten eine Weile, um sich an die Helligkeit zu gewöhnen. Das Kind, es musste an dem Kind liegen, dass plötzlich alles so voller Licht war! Da lag es im Stroh und schlief. Wie winzig es war! Es lächelte im Schlaf und dieses Lächeln ließ sein kleines Gesicht leuchten. Wie eine Sonne, die alles um sich herum ebenfalls zum Leuchten bringt. Das Gesicht seiner Mutter, die neben ihm lag. Erschöpft sah sie aus von der Anstrengung der Reise. Und natürlich von der Geburt. Und trotzdem leuchtete ihr Gesicht, als wäre in ihrem Innern ein Feuer angezündet worden. Sein Blick fiel auf den Vater, der neben den beiden im Stroh lagerte. Müde, so müde. Aber auch auf seinen, von der Anstrengung gezeichneten Zügen lag dieses Strahlen. So ein Scheinen, hell und warm. Von diesem seltsamen Licht. Und dann plötzlich hatte er sie gesehen, auch wenn seine Augen noch immer nur blinzeln konnten. Vor all dem Licht im alten Stall. Als würde es lächeln aus vielen unzähligen Gesichtern. Ein Licht wie ein einziges großes Lächeln. Alles überstrahlend. Und da hatte sein Herz sie erkannt. Die Engel.

Isabella Schneider

Eselsgebet

getragen hab ich dich
getragen
nicht auf einer graden
strecke, asphaltiert und glatt

getragen hab ich dich
getragen
auf einer ungeraden
strecke lief ich mir die hufe wund
zu jener stund
schachmatt

und hab gemeint
dass ich doch nur maria trug
nein, ich trug zwei
und josef war es, der mich führte
ich war ein esel
dass ich dies nicht spürte
verzeih, ach herr, verzeih!

Sabine Heuser

Mein Name ist Esel

Hallo? Guten Tag! Darf ich mich vorstellen? Mein Name ist Esel. Nicht so, wie das die Menschen immer wieder zueinander sagen. Ich mag es nicht, wenn ich das höre: „Du bist ein Esel“ oder gar „Du bist stur wie ein Esel“. Ich bin nämlich wirklich ein Esel. Ich habe lange breite Ohren und ein zartes großes Maul, beides brauche ich, um möglichst viel mitzubekommen und schnell meine Nahrung zu essen. Und einer meiner Vorfahren, das vergessen die Menschen immer wieder, hat vor langer Zeit einmal das Gotteskind auf der Flucht getragen. Mein Urgroßvater hat es meinem Großvater erzählt, und so ist es bei mir gelandet. Ihr möchtet die Geschichte hören? Also gut:

Es war einmal vor über 2000 Jahren. Aber eigentlich könnte es auch heute sein. Manches hat sich nämlich leider überhaupt nicht verbessert. Aber um zur Sache zu kommen. Mein Vorfahre stand angebunden in einem erbärmlichen Stall in Bethlehem. Die Zeiten waren schlecht, deshalb wohnte auch eine kleine Familie zwischen den Tieren. Sie waren nett und freundlich, und es war richtig schön. Bis nachts ein großes helles Licht erschien und dem Vater, einer von den guten unter den Menschen, klar machte, dass die Zeit gekommen war, zu verschwinden, das Land zu verlassen, abzuhauen. Gleich kam er zu dem Esel, nahm ihn liebevoll in den Arm und erklärte ihm die Lage. „Ich bin dabei“, sagte dieser nur und machte sich startklar. „Mein Name ist Esel“, sagte er sich, „ich bin sehr klug, wie die meisten meiner Verwandten. Jetzt werde ich gebraucht.“ Eine Stunde später ging es los. Er trug die Mutter mit dem schreienden Kind. Aber das durfte jetzt nicht schreien, also versuchte er, es mit seinem Körper zu wiegen. Das klappte, und nach zwei ziemlich mühseligen Tagen war die Reisegesellschaft oder sollte man sagen, die Flüchtlinge, außer Landes. Gott sei Dank! Keine Ahnung, was passiert wäre, hätte mein Urururopa gebockt oder wäre im wilden Galopp über die Berge und durch die Wüstentäler galoppiert. So ging alles gut, und das kleine Kind veränderte, als es ein erwachsener Mann war, schlicht und ergreifend mit dem, was er dann sagte, die ganze Welt. So ist das bis heute. Aber, ach du liebe Güte. Es sind immer noch unzählige Flüchtlinge unterwegs. Und die haben keine Esel, die ihre Kinder tragen. Immer wenn ich mit den Ohren wackle, spreche ich für sie ein Gebet. Und das ist ziemlich oft .. Wir beten auch, wir Tiere.

Cornelia Elke Schray

Im Stall

Ruhe war eingekehrt im Stall von Bethlehem. Das Jesuskind hatte sich müde geschrien, und auch Maria und Josef waren nach all den Strapazen auf dem Stroh eingenickt.
Der Stern strahlte hell an dem dunklen Himmel und verkündete mit seinem Leuchten, dass etwas Wunderbares geschehen war in dieser dunklen Nacht.
Nur Ochs und Esel waren noch wach. „Iah!“, sagte der Esel. Das sagte er immer, wenn ihm nichts Besseres einfiel.
„Sei doch still“, brummte der Ochse, „du weckst mit deinem ewigen ‚Iah!‘ ja noch das Kind auf.“
„Ich bin hungrig“, sagte der Esel. „Was ist denn das für eine neue Mode, dass die Menschen jetzt schon ihre neugeborenen Kinder in unsere Futterkrippe legen. An uns Tiere denken sie überhaupt nicht mehr, Iah!“, wieherte er.
„Das ist doch nicht irgendein Kind, das da liegt“, erwiderte der Ochse, „das ist Gottes Sohn, der da in Windeln gewickelt in unserer Krippe liegt.“
„Was du wieder redest“, antwortete der Esel und schüttelte sich. Ihm war kalt, denn das beste Stroh diente Maria und Josef als Ruhestatt. „Woher willst du das denn wissen?“, fragte er dann aber doch neugierig. „Das haben die Engel doch vorhin gesungen, als sie auf dem Feld den Hirten erschienen sind.“
„Was sind denn das für Tiere, fressen die auch Heu?“ Der Esel war mit einem Mal wieder hellwach.
„Du bist aber wirklich ein Esel“, der Ochse war sichtlich ungehalten. „Engel erscheinen immer dann, wenn Gott den Menschen eine neue Hoffnung für ihr Leben schenkt.“

„Woher weißt du das denn?", fragte der Esel ungeduldig.
„Das weiß doch jedes Rindvieh", erwiderte der Ochse verächtlich.
„Du bist und bleibst eben ein Esel."
Dass er einige Jahre im Joch des Rabbiners Ibrahim gelegen und da einiges von den Gesprächen zwischen Pharisäern und Schriftgelehrten aufgeschnappt hatte, verriet er nicht.
„Und was haben diese Enkel da vorhin gesungen?", wollte der Esel wissen. „Engel heißt das, nicht Enkel", berichtigte der Ochse. „Was die gesungen haben? Hast du denn nicht zugehört? Deine Ohren sind doch eigentlich groß genug zum Lauschen. Sonst schnappst du damit doch immer gerade das auf, was du eigentlich gar nicht hören sollst."
„Jetzt hör doch mal endlich mit deinem blasierten Gerede auf und sag schon, was diese Egel ..."
„Engel, kannst du dir denn das noch immer nicht merken?"
„Also gut, was diese Bengel den Hirten erzählt haben, dass die hier gleich alle angelaufen kamen und unser schönes weiches Stroh niedertrampeln mussten?"
„Also gut", sagte der Ochse, denn er hatte eigentlich einen gutmütigen Charakter, „ich will es für dich alten Esel noch einmal wiederholen. Ich habe es mir nämlich Wort für Wort gemerkt."
Ganz konnte er es nicht lassen, seine Überlegenheit seinem Stallgefährten gegenüber auszuspielen. „Fürchtet euch nicht, siehe, ich verkündige euch eine große Freude, die allem Volk widerfahren wird, denn euch ist heute der Heiland geboren, welcher ist Christus der Herr in der Stadt Davids. Und das habt zum Zeichen. Ihr werdet finden das Kind in Windeln gewickelt und in einer Krippe liegend."
„So einen langen Satz kannst du dir merken?" Der Esel war sichtlich beeindruckt.

„Später, als noch mehr Engel dazugekommen waren, ging es sogar noch weiter." Es gefiel dem Ochsen, wenn der Esel ihn bewunderte.
„Dann haben sie noch gesungen: Ehre sei Gott in der Höhe und Friede auf Erden den Menschen seines Wohlgefallens."
„Klingt gut, Iah!", gab der Esel von sich. Vor lauter Aufregung über all die spannenden Neuigkeiten war ihm inzwischen warm geworden. „Und dieses Kind Gottes liegt jetzt in unserer Krippe?" So ganz konnte er noch gar nicht begreifen, was da geschehen war.
Eine Weile war es still im Stall. Der Ochse war kurz vor dem Einschlafen als der Esel noch einmal anfing: „Wieso wird denn nur den Menschen Frieden verkündet und dass sie sich freuen sollen?", wollte er jetzt wissen. „Zumal wir Tiere hier im Stall die Leidtragenden sind", setzt er unter erneutem Hinweis auf seinen leeren Magen hinzu.
„Wenn Gott schon alle seine Sängerknaben", - er vermied absichtlich das Wort Engel, weil er immer noch nicht wusste, wie es richtig ausgesprochen wurde -, „also diese Bürschlein mit dem Licht über dem Kopf, bei der Kälte nachts auf das Feld schickt und der Welt, wie du vorhin gesagt hast, eine neue Hoffnung für ihr Leben verkündet wird, warum gilt die dann nur den Menschen und nicht zugleich uns Tieren?", fragte er nachdenklich. Der Ochse fühlte sich sichtlich geschmeichelt, dass der Esel etwas von dem behalten hatte, was er ihm erzählt hatte, stellte sich aber schlafend, weil er auf diese Frage auch keine Antwort wusste. Das war schlimm, aber noch schlimmer war, dass der Esel im Grunde genommen Recht hatte. Das war noch nie der Fall gewesen. Warum hatten die Engel nicht gesungen: Friede für Mensch und Tier?
„He, du, sag schon, du tust doch sonst immer so, als ob du alles

weißt“, wieherte der Esel und stapfte ungeduldig von einem Bein auf das andere, „ich weiß, dass du noch nicht schläfst, denn du hast noch gar nicht geschnarcht“, setzte er spitz hinzu.
„Ach, weißt du“, antwortete der Ochse, der die kurze Gesprächspause zum Nachdenken genutzt hatte, „das ist doch ganz einfach. Wenn die Menschen sich wirklich von Herzen freuen und glücklich und zufrieden sind mit dem, was sie sind und was sie haben, und miteinander in Frieden leben, dann werden sie auch zu uns Tieren gut sein. Das ist doch logisch, oder?“ Er war stolz darauf, dass ihm so eine plausible Erklärung eingefallen war. Ja, so musste es sein.
„Dann brauche ich nie wieder den elenden langen, steinigen Weg den Berg hinaufzulaufen, beladen mit Säcken, die so schwer sind wie die Steine an der Zisterne, bist du ganz sicher?“, frohlockte der Esel.
„Nein, nie wieder“, antwortete der Ochse unsicher. „Und nie wieder wird ein Peitschenhieb auf meine Eselshaut niedergehen?“
„Nie wieder“, antwortete der Ochse erneut.
Dicke Freudentränen kullerten aus den großen grauen Augen des Esels. „Dafür gebe ich gern heute Nacht meine Krippe und mein Stroh her.“ Er schüttelte sich, jetzt nicht mehr vor Kälte, sondern vor Glück. „Unsere Krippe und unser Stroh“, berichtigte ihn der Ochse. „Und ich müsste nie mehr die schweren Karren ziehen und mich nicht mehr fürchten, dass meine Kinder oder ich im Suppentopf landen“, träumte er halblaut vor sich hin.
„Was für eine wunderbare Nacht ist das heute“, flüsterte der Esel ergriffen, „wie so ein paar Engel“, er brachte das schwierige Wort jetzt sogar richtig über die Lippen, „das ganze Leben eines alten Esels mit einem Schlage verändern können.“

Christa Spilling-Nöker

Der störrische Esel und die süße Distel

Als der Heilige Josef im Traum erfuhr, dass er mit seiner Familie vor der Bosheit des Herodes fliehen müsse, weckte der Engel in dieser bösen Stunde auch den Esel im Stall.
„Steh auf!“, sagte er von oben herab. „Du darfst die Jungfrau Maria mit dem Herrn nach Ägypten tragen.“
Dem Esel gefiel das gar nicht. Es war kein sehr frommer Esel, sondern eher ein wenig störrisch von Gemüt. „Kannst du das nicht selber besorgen?“, fragte er verdrossen. „Du hast doch Flügel und ich muss alles auf dem Buckel schleppen! Warum denn gleich nach Ägypten, so himmelweit!“
„Sicher ist sicher!“, sagte der Engel; und das war einer von den Sprüchen, die selbst einem Esel einleuchten müssen.
Als er nun aus dem Stall trottete und zu sehen bekam, welch eine Fracht der Heilige Josef für ihn zusammengetragen hatte, das Bettzeug für die Wöchnerin und einen Pack Windeln für das Kind, das Kistchen mit dem Gold der Könige und zwei Säcke mit Weihrauch und Myrrhe, einen Laib Käse und eine Stange Rauchfleisch von den Hirten, den Wasserschlauch und schließlich Maria selbst mit dem Knaben, auch beide wohlgenährt, da fing er gleich wieder an, vor sich hinzumaulen. Es verstand ihn ja niemand außer dem Jesuskind.
„Immer dasselbe“, sagte er, „bei solchen Bettelleuten! Mit nichts sind sie hergekommen und schon haben sie eine Fuhre für zwei Paar Ochsen beisammen. Ich bin doch kein Heuwagen“, sagte der Esel und so sah er auch wirklich aus, als ihn Josef am Halfter nahm; es waren kaum noch die Hufe zu sehen.

Der Esel wölbte den Rücken, um die Last zurechtzuschieben, und dann wagte er einen Schritt, vorsichtig, weil er dachte, dass der Turm über ihm zusammenbrechen müsse, sobald er einen Fuß voransetzte. Aber seltsam, plötzlich fühlte er sich wunderbar leicht auf den Beinen, als ob er selber getragen würde; er tänzelte geradezu über Stock und Stein in die Finsternis.

Nicht lange und es ärgerte ihn auch das wieder. „Will man mir einen Spott antun?", brummte er. „Bin ich etwa nicht der einzige Esel in Bethlehem, der vier Gerstensäcke auf einmal tragen kann?" In seinem Zorn stemmte er plötzlich die Beine in den Sand und ging keinen Schritt mehr von der Stelle.

Wenn er mich auch noch schlägt, dachte der Esel erbittert, dann hat er seinen ganzen Kram im Graben liegen!

Allein Josef schlug ihn nicht. Er griff unter das Bettzeug und suchte nach den Ohren des Esels, um ihn dazwischen zu kraulen. „Lauf noch ein wenig", sagte der Heilige Josef sanft, „Wir rasten bald!"

Daraufhin seufzte der Esel und setzte sich wieder in Trab. So einer ist nun ein großer Heiliger, dachte er, und weiß nicht einmal, wie man einen Esel antreibt!

Mittlerweile war es Tag geworden und die Sonne brannte heiß. Josef fand ein Gesträuch, das dünn und dornig in der Wüste stand; in seinem dürftigen Schatten wollte er Maria ruhen lassen. Er lud ab und schlug Feuer, um eine Suppe zu kochen; der Esel sah es voll Misstrauen. Er wartete auf sein eigenes Futter, aber nur, damit er es verschmähen konnte. „Eher fresse ich meinen Schwanz", murmelte er, „als euer staubiges Heu!"

Es gab jedoch kein Heu, nicht einmal ein Maul voll Stroh; der Heilige Josef, in seiner Sorge um Weib und Kind, hatte es rein verges-

sen. Sofort fiel den Esel ein unbändiger Hunger an. Er ließ seine Eingeweide so laut knurren, dass Josef entsetzt um sich blickte, weil er meinte, ein Löwe säße im Busch.
Inzwischen war auch die Suppe gar geworden und alle aßen davon. Maria aß und Josef löffelte den Rest hinterher und auch das Kind trank an der Brust seiner Mutter; nur der Esel stand da und hatte kein einziges Hälmchen zu kauen. Es wuchs da überhaupt nichts, nur etliche Disteln im Geröll. „Gnädiger Herr!", sagte der Esel erbost und richtete eine lange Rede an das Jesuskind eine Eselsrede zwar, aber ausgekocht scharfsinnig und ungemein deutlich in allem, worüber die leidende Kreatur vor Gott zu klagen hat. „I-a!", schrie er am Schluss, das heißt: „So wahr ich ein Esel bin!"
Das Kind hörte alles aufmerksam an. Als der Esel fertig war, beugte es sich herab und brach einen Distelstängel, den bot es ihm an. „Gut!", sagte er, bis ins Innerste beleidigt. „So fresse ich eben eine Distel! Aber in deiner Weisheit wirst du voraussehen, was dann geschieht. Die Stacheln werden mir den Bauch zerstechen, so dass ich sterben muss, und dann seht zu, wie ihr nach Ägypten kommt!"
Wütend biss er in das harte Kraut und sogleich bleib ihm das Maul offen stehen; denn die Distel schmeckte durchaus nicht, wie er es erwartet hatte, sondern nach süßestem Honigklee, nach würzigstem Gemüse. Niemand kann sich etwas derart Köstliches vorstellen, er wäre denn ein Esel.
Für diesmal vergaß der Graue seinen ganzen Groll. Er legte seine langen Ohren andächtig über sich zusammen, was bei einem Esel so viel bedeutet, wie wenn unsereins die Hände faltet.

Karl-Heinrich Waggerl

Der unfolgsame Esel

Es war einmal ein sehr unartiger kleiner Esel. Es gefiel ihm, unartig zu sein. Wenn ihm etwas auf den Rücken gepackt wurde, warf er es ab, und er lief den Leuten nach, weil er sie beißen wollte. Sein Herr konnte nichts mit ihm anfangen, so verkaufte er ihn einem anderen, der auch nicht mit dem Esel fertig wurde und ihn weiterverkaufte, und schließlich wurde er für ein paar Groschen an einen bösen alten Mann verkauft, der alte abgearbeitete Esel erstand, und sie durch Überarbeitung und schlechte Behandlung umbrachte. Aber der unartige Esel jagte den Alten und biss ihn, und dann rannte er weg. Er wollte sich nicht wieder einfangen lassen, deshalb gesellte er sich zu einer Karawane, die des Weges zog. Niemand wird wissen, wem ich in diesem Haufen gehöre, dachte der Esel.

Alle diese Leute waren zur Stadt Bethlehem unterwegs, und als sie dort anlangten, begaben sie sich zu einer großen Herberge voller Menschen und Tiere. Das Eselchen schlüpfte in einen schönen kühlen Stall, wo ein Ochse und ein Kamel waren. Das Kamel war sehr hochmütig – wie alle Kamele, denn Kamele glauben, sie allein kennen die vielen geheimen Namen Gottes. Da es zu stolz war, um mit dem Esel zu sprechen, begann der Esel zu prahlen. Er prahlte gern. „Ich bin ein sehr ungewöhnlicher Esel“, sagte er. „Ich kann voraussehen und hinterhersehen.“

„Was heißt das?“, fragte der Ochse.

„Wie meine Vorderbeine – vorn – und meine Hinterbeine – hinten. O ja, meine Ur-siebenunddreißgimal-Ururgroßmutter gehörte dem Propheten Bileam, und sie sah mit eigenen Augen den Engel des Herrn!“ Aber der Ochse kaute weiter und das Kamel blieb stolz.

Dann kamen ein Mann und eine Frau herein, und es gab viel Aufregung; doch der Esel fand bald heraus, dass sich das ganze Aufhebens nicht lohnte, die Frau gebar bloß ein Kind, und das geschieht jeden Tag. Nach der Geburt des Kindes erschienen einige Hirten und taten sich viel zugute auf das Kind, aber Hirten sind ja einfache Menschen. Dann aber kamen Männer in langen, reich geschmückten Gewändern. „Sehr bedeutenden Persönlichkeiten", zischte das Kamel. „Wieso?", fragte der Esel. „Sie bringen Geschenke", sagte das Kamel. Da der Esel annahm, die Geschenke wären Gutes zu essen, schnüffelte er, als es dunkel wurde, eifrig herum. Aber das erste Geschenk war gelb und hart, das zweite brachte den Esel zum Niesen, und als er am dritten leckte, schmeckte es abscheulich und bitter. Was für dumme Geschenke, dachte der Esel enttäuscht.

Als er aber so bei der Krippe stand, streckte das Kind sein Händchen aus, griff nach dem Ohr des Esels und hielt es fest. Und da geschah etwas sehr Seltsames. Der Esel wollte nicht mehr unartig sein. Zum ersten Mal in seinem Leben wollte er gut sein. Und er wollte dem Kind etwas schenken - doch er hatte nichts zu geben. Das Kind schien an seinem Ohr Freude zu haben, aber das Ohr war ja ein Teil von ihm ... und da kam ihm noch ein merkwürdiger Gedanke. Vielleicht konnte er sich selbst dem Kind schenken ...

Kurz darauf kam Josef mit einem groß gewachsenen Fremden in den Stall. Der Fremde sprach eindringlich auf Josef ein, und als der Esel die beiden betrachtete, traute er kaum seinen Augen. Der Fremde schien sich aufzulösen, und an seiner Stelle stand ein

Engel des Herrn, eine goldene Gestalt mit Flügeln. Doch gleich darauf verwandelte sich der Engel wieder in einen gewöhnlichen Menschen. Du meine Güte, ich sehe Gesichter, sagte sich der Esel, das Futter muss Schuld daran sein.
Josef sprach mit Maria. „Wir müssen mit dem Kind fliehen. Wir dürfen keine Zeit verlieren." Sein Blick fiel auf den Esel. „Wir wollen diesen Esel hier mitnehmen und für seinen unbekannten Besitzer Geld zurücklassen, Auf diese Weise verlieren wir keine Zeit."

So begaben sie sich hinaus auf den Weg, der aus Bethlehem fortführte. Doch als sie an einen engen Ort gelangten, erschien der Engel des Herrn mit flammendem Schwert, und der Esel bog vom Weg ab und erkletterte einen Berghang. Josef wollte ihn zum Weg zurücklenken, aber Maria sagte. „Lass ihn. Denk an den Propheten Bileam." Gerade als sie den Schutz einiger Ölpalmen erreichten, stampften und klirrten die Kriegsknechte des Königs Herodes mit gezogenen Schwertern den Weg entlang. Genau wie bei meiner Urahnin, dachte der Esel sehr zufrieden mit sich selbst. Es nimmt mich Wunder, ob ich auch voraussehen kann.
Er zwinkerte mit den Augen, und da sah er ein undeutliches Bild – einen Esel, der in einen Brunnen gefallen war, und einen Mann, der ihn herauszog ...
Das ist ja mein Herr, zum Mann herangewachsen, dachte der Esel. Dann gewahrte er ein anderes Bild – derselbe Mann ritt auf einem Esel in eine Stadt ... Natürlich, sagte sich der Esel, er soll zum König gekrönt werden. Aber die Krone schien nicht aus Gold zu sein, sondern aus Dornen. Der Esel liebte Dornen und Disteln, doch für eine Krone mochten sie nicht das Richtige sein. Und er nahm einen Geruch wahr, den er kannte und fürchtete – Blutgeruch; und da war etwas an einem Schwamm, bitter wie Myrrhe, die er im Stall gekostet hatte.
Da erkannte der Esel plötzlich, dass er nicht mehr voraussehen mochte. Er wollte nur dem Tag leben, wollte seinen kleinen Herren lieben und von ihm geliebt werden, wollte ihn und seine Mutter sicher nach Ägypten tragen.

Agatha Christie

Mit Texten von:
Doris Bewernitz: S. 8f © bei der Autorin. **Catarina Carsten**: S. 30f © bei der Autorin. **Agatha Christie**: S. 52-55, Copyright © 1965 by Agatha Christie Ltd. Alle Rechte vorbehalten Hoffmann und Campe Verlag, Hamburg; aus: dies, Es begab sich aber … Copyright für die deutsche Übersetzung von Lia Franken © S. Fischer Verlag GmbH, Frankfurt am Main 2003 ISBN 978-3-10-018000. **Sabine Heuser**: S. 6f., 23, 37 © bei der Autorin. **Ingeborg Hildebrandt**: S. 18f © bei der Autorin. **Matthias Kamann**: S. 3-5, gekürzte Fassung, Erstveröffentlichung Die Welt, 22.12.2013 © WeltN24 GmbH. **Maria Sassin**: S. 25-28 © bei der Autorin. **Wilhelm Scharrelmann**: S. 10-15, aus: ders., Katen im Teufelsmoor, Carl Schünemann Verlag, Bremen 1983. © Anka Scharrelmann Hüchting. **Isabella Schneider**: S. 34f. © bei der Autorin. **Cornelia Elke Schray**: S. 20f., 38f. © bei der Autorin. **Christa Spilling-Nöker**: S. 41-44, aus: dies., Vom Engel, der nicht fliegen konnte, © Verlag Herder GmbH, Freiburg 2011. **Karl-Heinrich Waggerl**: S. 16, 47-49 aus: ders., Und es begab sich … © Otto Müller Verlag, 53. Auflage, Salzburg 2016.

Bildnachweis:
plainpicture / fStop / **Julia Christe** (Umschlag, S. 24, 45), shutterstock / **Roman.S-Photographer** (S. 1), shutterstock / **Hadrian** (S. 2), shutterstock / **Rosa Jay** (S. 4, 8, 34), iStock / **lucafabbian** (S. 7), mauritius images / imageBROKER / **Elmar Krenkel** (S. 11), shutterstock / **HeadSpinPhoto** (S. 15), shutterstock / **coka** (S. 16/17), shutterstock / **PhotoMelon** (S. 19), shutterstock / **Alex_Po** (S. 20/21), shutterstock / **kavring** (S. 21), shutterstock / **Budimir Jevtic** (S. 22/23), fotolia / **mickyso** (S. 29), shutterstock / **Dragana Gordic** (S. 32/33), shutterstock / **Avner Ofer Photography** (S. 36), shutterstock / **Eric Isselee** (S. 39), shutterstock / **Astrid Gast** (S. 40), iStock / **MonaMakela** (S. 46), plainpicture / Glasshouse / **Katzman Stock** (S. 50/51), shutterstock / **muratart** (S. 54).

ISBN 978-3-86917-557-7

ein Unternehmen der Verlagsgruppe Patmos
in der Schwabenverlag AG, Ostfildern
Im Alten Rathaus/Hauptstraße 37
D-79427 Eschbach/ Markgräflerland

www.verlag-am-eschbach.de

Gestaltung, Satz und Repro: Angelika Kraut, Verlag am Eschbach
Schriftvorlagen: Ulli Wunsch, Wehr
Herstellung: Grafisches Centrum Cuno GmbH & Co. KG, Calbe

Dieser Baum steht für umweltschonende Ressourcenverwendung, individuelle Handarbeit und sorgfältige Herstellung.